恐龙小Q

图说 中国简史

闭关锁国

恐龙小 Q 少儿科普馆　编

北京出版集团
北京出版社

目录

什么是闭关锁国

　　就像我们居住的小区会修建围墙，只留几个门供人们进出，门口还要设立人员把守一样，每个国家也都有自己的边境线。为了保障本国安全，外国人想要进入国境只能走规定的几个地方，这些地方被称为"关口"。

皇上，听说有几个外国人想跟咱们做生意。

让他们赶紧离开，别打扰朕睡觉！

那都是些无礼的外国"蛮夷"，让他们进来会把百姓们带坏的。

闭关锁国的好处

　　"闭关锁国"是一种防御自守型策略，简单来说就是封闭关口，限制别国人员进入本国，同时也限制本国人与外国人来往交流，从而减少自身受到外界影响的程度。比如国内出现混乱或反抗势力时，闭关锁国可以有效防止国内势力与外部势力的联合，从而维护政局的稳定；而外界出现混乱时，暂时的闭关锁国，可以减少自身受到的冲击，为国家做出应对方案争取时间、积蓄力量。

闭关锁国的缺陷

但如果一个国家长期或者盲目实施这种政策，就会使国家与世隔绝，无法跟上世界发展的潮流。尤其是在那个没有网络和通信工具的落后时代，时间一长会变得故步自封，缺乏活力，最终被时代淘汰。

这个国家人这么多，肯定能卖出很多东西！

可他们竟然关着门不让我们进，太可惜了！

那我们就用自己的方法进去！

中国在过去几千年的时间里，一直都是世界上经济发达、文化繁荣的国家，被世界其他各国称为"天朝上国""礼仪之邦"。但后来，仅仅200多年的闭关锁国政策，就让我们成了人尽可欺、任人鱼肉的对象。近代中国的百年耻辱也由此而来。

欧洲人的"中国梦"

丝绸

　　丝绸是欧洲人对中国最早的认知之一。早在西汉时期，中国通往欧洲的商路就已经打通，被称为"丝绸之路"。当欧洲人第一次见到这种轻盈柔软、光彩夺目的布料时，立刻把它们视为珍宝。丝绸的价值在当时甚至超过了黄金。据说罗马帝国的恺撒大帝因曾穿着一件丝绸做成的袍子观看演出，在当时引起了极大的轰动。此后千百年间，丝绸一直是欧洲贵族们最渴望得到的奢侈品之一。

瓷器

　　瓷器被认为是中国的代名词，英语中瓷器（china）和中国（China）是同一个单词。那时的欧洲人普遍使用的还是陶器和金属器皿，当白如玉、薄如纸、光洁透亮、声如银铃的瓷器出现在他们眼前时，他们纷纷惊奇不已。瓷器在当时被誉为"白色黄金"，只有皇室和贵族才能使用，有位国王甚至愿意用600人的精锐部队来换取中国的瓷器。

留下这些精美的瓷器，这支"龙骑兵"就是你们的了。

茶叶

相比丝绸和瓷器，茶叶传到欧洲的时间则比较晚。直到明末清初，中国的茶叶才被引进欧洲，此后便很快风靡欧洲大陆。当时，茶叶是"所有医生公认的最佳饮料"。英国贵族更是对茶情有独钟，在当时欧洲宫廷和上层社会，举办茶会是彰显高雅、品味与奢侈生活的标志之一。

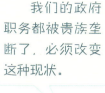

我们的政府职务都被贵族垄断了，必须改变这种现状。

中国有一种非常公平的制度，在这种制度下，即便是牧羊人家的孩子，也有可能成为宰相或总督。

中国真是一个奇妙的国度。

能参加王后殿下的茶会，我深感荣幸。

用中国的瓷器品尝清香的茶水，没有比这更美好的事情了。

除了这些珍贵的物品，中国文化也被众多欧洲著名思想家追捧。元明时期，陆续有欧洲商旅和传教士来到中国，他们将在中国的所见所闻传回欧洲。在他们的口中，中国被描绘成一个历史悠久、城市富庶、统治者高尚仁慈、百姓文明友善的理想国度。法国启蒙运动的领袖伏尔泰更是对中国文化推崇备至。

那个时期，中国的一切都令欧洲人痴迷和向往，这也是近代欧洲各国千方百计想要与中国建立贸易关系的原因之一。后来达·伽马、迪亚士和哥伦布等欧洲航海家推动了改变世界格局的"地理大发现"，而促使他们冒险远航的直接动因，就是要开辟新航路，前往神秘而富饶的东方。

明朝的海禁政策

明朝建立初期，日本正处于南北朝对立时期，因连年战乱，一些战败的日本封建地主和武士无法在日本立足，便到中国沿海地区进行以走私和劫掠为主的海盗活动，历史上将这群人称为"倭寇"。当时，明朝为了扫清北方的元朝残余势力，实施"片板不许下海"的海禁政策，严禁私人海外贸易。

东海倭寇时常劫掠我朝沿海各地，请陛下发兵征讨，以示天威！

肃清元朝残余才是当务之急，区区倭寇不足为虑，责令封闭海岸便是。

朝贡贸易

明成祖朱棣继位后，为宣扬大明国威，多次派郑和远航西太平洋和印度洋各国。所到国家无不被明朝庞大的船队所震撼，纷纷派出使者前来"朝拜"大明天子。但郑和下西洋是朝廷主导的政治行为，民间贸易依然是受限的。这种"朝贡贸易"忽视经济收益，明朝廷回赠的礼品价值往往是贡品价值的好几倍，加上船队出海、采购和赏赐的花费，给大明国库造成了巨大压力。

尔等不远千里前来朝拜，可见诚心，朕必有重赏。

鄙国地小物乏，没什么珍贵礼品，只能贡献些特产，以此表达我们对皇帝陛下的敬意。

我们只是带去了一些本国特产，没想到居然能换回这么多真金白银，大明朝皇帝真是大气啊！

我们要多去朝拜，多去朝拜啊！

那就让他们10年来一次吧，对了，今年官员的俸银用胡椒和香料代替吧。

陛下，存放外国进贡的胡椒和香料的库房已经堆不下了，但银库却日渐空虚啊。

争贡之役

由于朝贡贸易利润巨大，日本也开始和明朝修好，并协助明朝清剿沿海倭寇，因此得到了"朝贡国"的身份。但到了嘉靖皇帝时期却发生了"争贡之役"事件，日本两派势力的贡使在宁波发生了流血冲突，给明朝军民带来了不小的骚乱和损害。于是明朝开始实行更加严格的海禁政策，严禁制造出海大船，禁止沿海军民私自进行海外贸易。

隆庆开关

明朝后期，隆庆皇帝下令解除海禁，并允许民间商人进行海外贸易。在政策和制度的局部调整下，与外国人的商贸交易中，中国的丝绸、瓷器、香料、茶叶等产品受到了世界各国的欢迎，各国的白银像流水一样涌入中国。同时，一些西方传教士也陆续来到中国。这时明朝官员才发现，哥白尼已经创立了日心说，伽利略提出了"自由落体定律"并发明了天文望远镜，开普勒已经在研究行星运动，而明朝的知识分子们却还在研究"八股文"。除文化之外，欧洲的火炮技术也已经反超中国。至此，中国的科学技术逐渐与西方拉开距离。

藩属国与殖民地

什么是藩属国

　　封建时代的中国王朝大都认为自己是世界的中心，所谓"中央之国，统御八方"。该时期的中国王朝因其强大的文化、经济、军事等力量而拥有众多藩属国。藩属国是指拥有一定主权，但在内政、外交和经济等方面一定程度上从属并受制于宗主国的国家。藩属国需要向宗主国表示臣服并纳贡，甚至连国王的更替都需要受到宗主国册封才会被承认。比如朝鲜、缅甸、越南、菲律宾、尼泊尔等国，就曾长期做过中国的藩属国。

朕册封你为倭奴国国王，赐国王金印。

　　中国的"宗藩关系"是一种与邻友好的形式，历朝统治者都秉承着"王者不治夷狄，来者不拒，去者不追"的态度，并不干涉藩属国内政。而且总是"薄来厚往"，除了对前来朝贡的藩属国给予大量赏赐，在其危急时还会给予帮助。明朝万历年间，日本曾妄图吞并朝鲜，朝鲜遂向宗主国明朝求助。之后，明朝出兵抗日，大败日军，挽救了朝鲜，并奠定了东亚未来300年的和平局面。

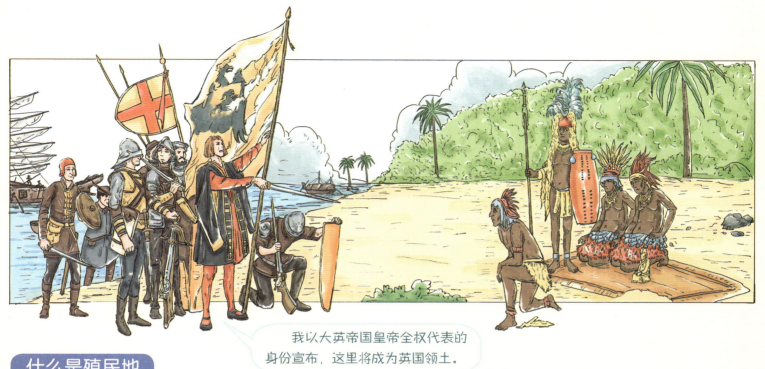

我以大英帝国皇帝全权代表的身份宣布，这里将成为英国领土。

什么是殖民地

　　殖民地是指受宗主国经济剥削和政治奴役的国家或地区，殖民原本的意思是在荒地上移民、开垦、繁衍。在新航路开辟后，欧洲殖民者不断向世界扩张势力范围，在世界各地建立了广泛的殖民地。原来的印度、美国、澳大利亚和巴西等地都曾被欧洲列强殖民，这些地方一旦被占领，就会丧失主权和独立，并成为殖民者疯狂压榨的对象。

　　殖民者为了自身利益，无休止地对殖民地进行残酷掠夺，使其成为他们的商品市场、原料产地、廉价劳动力市场和军事基地。而当地人民则沦为被奴役、驱逐、买卖甚至残害的对象。非洲的奴隶贸易、美洲印第安人大屠杀都给殖民地人民带去了沉重的苦难。

清朝海禁政策

清朝统治者是来自中国北方地区的女真族，该族曾是受制于明朝的松散部落。后来，努尔哈赤统一女真族各部，建立大金，并开始进攻明朝。努尔哈赤的儿子皇太极继位后，将女真族改为满族，改国号大金为大清。明崇祯十七年（1644 年），大明王朝在内忧外患中走向灭亡，清朝则开始了它近 300 年的统治。

郑成功抗清

清朝虽然入主中原，但并没有实现对全国稳定的统治，明朝遗臣在南方拥立明朝皇族为皇帝，建立南明政权。全国各地的抗清势力此起彼伏，尤以著名将领郑成功带领的军队给清廷带来的威胁最大。郑成功在福建东南沿海地区奋力抗清，深受当地百姓支持。清廷多次用高官厚禄进行招降都被其拒绝了，一些并未真心归附的士族官员，也暗中为郑成功的军队提供帮助。

迁界禁海

郑成功曾率军北上，多次击败清军，一度占领长江下游，兵临南京，但终因寡不敌众而挫败。为了动摇郑成功在南方的根基，清政府下令一切粮食、物资严禁与"逆贼"交易，违者重罚。但几年过去了，效果并不明显。于是清政府开始实行"迁界禁海"政策，将沿海各省的百姓强行内迁数十里，州县、村庄、房屋、船只尽数拆毁，严禁出海。

迁界禁海政策给郑成功的军队造成了很大影响，于是郑成功决定收复被荷兰人侵占的台湾，将其作为继续抗清的基地。从台湾到福建沿海地区，郑氏军舰可以朝发夕至，可以不断对清军进行袭扰。于是，康熙年间清政府将沿海地区的百姓继续内迁，海禁更加严厉。郑氏军队登岸后只有一片荒野废墟，缺乏物资时也无法获得沿海地区的补给，实力被严重削弱。

迁界禁海的影响

　　清朝的迁界禁海政策对削弱台湾郑氏力量、完成统一大业具有重大作用，但同时也让东南沿海地区的百姓苦不堪言。迁界禁海政策下，大片田地荒芜，海盗盛行，数以万计的百姓流离失所。直到清康熙二十二年（1683年），康熙皇帝重新将台湾和大陆统一，执行了数十年的迁界禁海政策才得以解除。

　　这种政策给百姓带来了沉重的苦难，同时对迁界之外的海岛、土地完全置之不理。谁能想到，拥有漫长海岸线的中国竟在数十年间"有海无防"。中国与海外的交流完全断绝，为后来的全面"闭关锁国"埋下了伏笔。尤其是收复台湾后，清朝海军废弛，此后百余年间海军的战船、装备、训练等未得到任何提升，以致后来面对西方列强的坚船利炮时竟毫无还手之力。

　　台湾自古以来就是中国领土的一部分，明朝时期就设立了澎湖巡检司对台湾进行管辖。明朝末年，西方世界已经进入"海权时代"，荷兰以贸易的名义，趁明朝军队不备，登上了台湾岛。但明朝统治者缺乏海权意识，没有给予台湾岛应有的重视，以致台湾岛被荷兰殖民者侵占。

　　清顺治十八年（1661 年），郑成功率领数万将士、百艘战船登陆台湾，受到了台湾人民的热烈欢迎。郑成功的舰队与荷兰人发生了激烈交战，重创了侵略者。之后郑成功又切断了荷兰人的补给，围困敌军数月，最终荷兰人狼狈出城，向郑成功投降。至此，郑成功从荷兰侵略者手里收复了沦陷近 40 年的台湾。之后，清朝击败郑氏军队，在台湾设立台湾府，使其隶属福建省。

清朝前期的开放政策

展界开关

　　康熙皇帝收复台湾后颁布"展界令"，安排曾经被迫内迁的百姓复归故土，继续开发中国东南沿海地区，并解除海禁，允许百姓出海贸易，指定福建、上海、广东、宁波 4 个通商口岸。展界令颁布之后，中国与海外的贸易日益活跃，世界各国的白银纷纷流入中国，为"康乾盛世"的出现打下了基础。

南洋海禁

　　开放海禁后，每年都有大量人员出海，但返回的人员数量却只有原来的一半左右，其中有不少人选择在南洋留居。基于此，在开放海禁 30 多年后，康熙皇帝下令，再次实施"南洋海禁"。

雍正解禁

　　"南洋海禁"政策执行了 10 年之后，雍正皇帝为解决财政问题，决定再开南洋贸易。之后，每年都有大量外国商船涌来，伴随着商贸的复苏，中西方的文化交流也更加频繁。

题外扩展

　　南洋，是中国明清时期对东南亚一带的称呼，包括马来群岛、菲律宾群岛、印度尼西亚群岛、马来半岛、中南半岛沿海等地。这些地方长期以来都与中国有着密切的联系，至今仍然生活着非常多的华侨同胞，生活习俗上也处处可以看到中国文化的影子。

中西文化的使者

从明朝末年开始，伴随着贸易往来，中西方在文化上的交流也日益频繁。越来越多的传教士不远万里来到中国。他们带来宗教文化的同时，也带来了西方最新的科技成果。

欧洲传教士

这里所说的传教士，是一批热衷于向世界各地传播欧洲天主教宗教信仰的人。他们大多博学多才，比如意大利传教士利玛窦，他就给大明王朝带来了当时西方最新的天文、数学、地理等科学技术知识，给当时的士大夫们开启了一个全新的世界，他和明朝官员共同制作的《坤舆万国全图》是国内现存最早的世界地图。

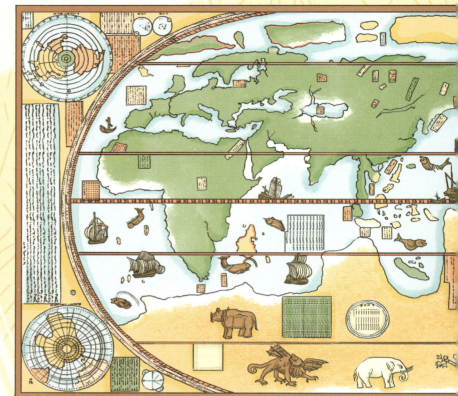

德国传教士汤若望，在中国历经了明、清两代，为中国带来了当时欧洲的科学书籍和仪器，还帮助当时的明朝成功制作了中国第一架望远镜，并为明朝提供了先进的欧洲火炮技术。明朝军队将望远镜与火炮结合，在抗击清军入侵的战斗中起到了巨大作用。后来，明朝被清朝取代，汤若望又被康熙皇帝重用。

汤若望之后，最著名的传教士就是南怀仁，他是康熙皇帝的科学启蒙老师，精通天文历法，擅长机械制造和火炮铸造，他监制的火炮至今仍被收藏在中国国家博物馆中。南怀仁去世后，康熙皇帝为他举行了隆重的葬礼，并亲自撰写祭文。

意大利传教士郎世宁在中国历经了康熙、雍正、乾隆三朝，当时统治者与天主教之间已经产生了冲突，因此他的传教活动被严格限制，大部分时间都是以宫廷画师的身份出现的。他将中西画法融为一体，笔下的人物、动物、花鸟都栩栩如生，他的《百骏图》是"中国十大传世名画"之一。除了作画，他还参与了圆明园中欧式建筑的设计。

这几位西方传教士，几乎将毕生精力都投入到了中国，最终也都葬在了中国。他们不仅推动了中国封建社会末期科学、文化、艺术的进步，也将中国的文化通过作品和书信传递回欧洲，让西方人对中国这个遥远而神秘的国度有了更深的了解。

位于北京西城区的"利玛窦墓及明清以来外国传教士墓地"是全国重点文物保护单位

中西交往中的冲突

清朝前期的开放政策给中国带来大量经济收益的同时，也促进了中西方文化的进一步交流。但双方之间毕竟存在着巨大差异，随着接触的增多，中国人与外国人之间的矛盾也越来越明显。这也是造成乾隆皇帝采取"闭关锁国"政策的原因之一。

中西礼教之争

中国向来有祭祀天地、祖先的传统，但在天主教教义中，除上帝之外，教徒不得崇拜任何事物、神明。于是，罗马天主教皇直接干预，强令中国信徒不得参与祭拜活动。为此，康熙皇帝专门派人前往罗马，解释中西礼仪的区别，但罗马教皇并不愿变通。作为大清帝国的皇帝，自然也不能容忍西洋人无视自己的权威，于是礼教之争变成了政治冲突。康熙末年还只是对天主教传播表现出排斥，到雍正皇帝时，就直接下令禁止传教了。

贸易冲突

清康熙五十四年（1715年），中国商人与英国商人因货款发生贸易冲突，英国将一艘中国商船扣在了厦门，想要以此追回货款。中国水师前往营救，最终英国的"安妮号"被赶出厦门。此后，英国货船不得驶往厦门口岸。同时，澳门等外国人聚集的地方也经常有洋人犯案。清乾隆五年（1740年），更出现了荷兰殖民者在南洋爪哇大肆屠杀华侨的"红溪惨案"，举国震动。

一口通商

清乾隆二十二年（1757年），乾隆皇帝在南巡途中看到宁波港口纷繁热闹的外商交易场景后了解到，这里每天前来贸易的外国商船络绎不绝，不少外国商人甚至长期在中国逗留，且来往商船大多携带火炮等武器。他想起康熙皇帝曾说过："海外如西洋等国，千百年后中国恐受其累。"于是回京之后下令关闭原来设在沿海的各个口岸，仅留广东一个口岸对外通商。

西洋人与我国子民的风俗教化大有不同，这样下去，纯朴的百姓可要被带"坏"了。

朕更担心，长此以往，这里会成为第二个澳门。

乾隆皇帝"闭关锁国"

洪任辉事件

"一口通商"后，外国商人只可在广州正常进行贸易。因此，广州口岸官员趁机增设杂费，使洋商成本大增。清乾隆二十四年（1759年），英国商人洪任辉受东印度公司指派，试图再次前往宁波口岸。遭到拒绝后，他竟然直接北上航行至天津，通过对大臣行贿将一张状纸送到了乾隆皇帝面前。他状告广东海关官员贪污受贿、刁难洋商，并代表东印度公司希望清政府改变外贸制度。乾隆皇帝收到状纸后派专人前往广东调查，惩治了贪官，同时也将洪任辉囚禁在澳门三年。而帮助洪任辉写状纸的中国人，则被判处了死刑。

闭关锁国

"洪任辉事件"后，乾隆皇帝更加坚决地执行"一口通商"的政策，所有对外贸易只能由朝廷直属的"广州十三行"办理，不准洋人与私商交易，并颁布《防范外夷规条》。

❶ 禁止外国商人在广州过冬。

❷ 外国商人在广州只能住在政府规定的商馆里，派专人把守，严防百姓出入商馆，外国商人不得外出闲逛。

❸ 禁止内地百姓与外国商人有经济往来。

❹ 禁止外国商人雇请内地百姓为其传递信息。

❺ 在外国商船进入港口的地方派专人严格稽查，严禁外国商人进入中国内地。

《防范外夷规条》的颁布是清朝"闭关锁国"开始的标志。从此，清朝上自皇帝百官、下至平民百姓，都被牢牢地关在了一个叫"天朝上国"的笼子里。

清朝皇帝的"心事"

清政府对外防范西方殖民势力，对内防范反清势力，但这种预防是极为被动的，同时也体现了清朝皇帝作为少数民族政权的不安。

此起彼伏的反清势力

一般来讲，新朝初期，前朝残余势力都会进行一段时间的抵抗，但随着新朝统治的稳固，抵抗势力会慢慢消退。但"反清复明"的抵抗运动几乎贯穿了整个清朝历史。因为中原王朝有着千余年的"华夷观念"，清朝统治的"合法性"很难得到人们的承认。

科举考试，笼络人心

为得到人们的认可，清朝统治者开始深入学习中原文化，广开科举。为了笼络天下读书人，给予了他们很多"优待政策"。与此同时，又将科举考试的内容限制得死死的，人们想做官只能通过科举考试，想考中只能读规定的书。这样一来，读书人都被关进了"笼子"，即使有人造反，也是些草民流寇，就不足为虑了。

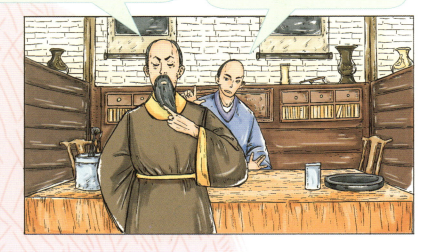

考试又不考这些，读这些有什么用！《论语》背得怎么样了？

父亲，我今天在外面看到一本《西洋地理图志》，非常有趣。

残酷文字狱，制造恐怖

除了笼络，任何清朝统治者觉得有可能对朝廷有异心的人，都将受到严酷惩罚，"文字狱"就是当时最典型的代表。文字中一旦被发现有诋毁清朝、追念明朝的意思，写作者轻则流放、重则满门抄斩。为制造思想上的"恐怖高压"，朝廷还鼓励人们相互揭发，甚至故意曲解别人的文章，造成了无数冤案。在此高压政策之下，知识分子人人自危，不敢表达思想，生怕招来杀身之祸，最后只能沦为皇权思想的奴隶。

"清风不识字，何必乱翻书？"你这是讽刺我大清朝都是野蛮人吗？

我只是想说风把书吹乱了而已啊！

有思想的人都被关进了"笼子"，造反的都是些草莽刁民，不足为虑。

皇上真是英明啊！

闭关锁国要"锁"的并不是经济贸易，而是国人在与外国人交易时可能产生的思想交流。它"锁"住的是一个国家和民族的思想自由、文化气节和创新精神。这些才是导致中国落后挨打、无限屈辱的根本原因。

"闭关锁国"的底气

"康乾盛世"是中国古代历史上最后一个盛世，历经康熙、雍正、乾隆三朝，是清朝最鼎盛的时期。乾隆皇帝之所以敢于坚决执行"闭关锁国"的政策，就是源于当时大清国强盛的综合国力。

疆域辽阔

清乾隆二十五年（1760年），也就是乾隆皇帝下令全面"闭关锁国"的第二年，清朝成功结束了长达80余年的准噶尔战争。此时，大清帝国的国土面积已经达到1300多万平方千米，疆域之大，在中国历代王朝中仅次于元朝。

人口众多

在中国古代的数千年时间里，全国总人口数量很少能超过1亿，那时一个国家的总人口数量还没有今天的一个省的人口数量多。基于此，清朝废除了历代按人口征收的人丁税，对海外高产作物土豆、玉米和红薯进行推广，改良小麦、水稻等农作物的耕种技术。在这一系列政策下，清朝人口数量迅速增长，最终突破了4亿人口，约占当时全世界总人口数量的1/3。

广阔的疆域和众多的人口，为清朝的经济繁荣打下了坚实基础。手工业、丝织业、棉纺织业和瓷器制造业等都得到了很大发展，棉花、烟草、甘蔗等经济作物被广泛种植，衣、食、住、行、用等各类商品，清朝都能自给自足，并不需要从外国进购。而且，虽然外国人在中国的贸易和行动都受到了严格限制，但清朝的丝绸、瓷器、茶叶、香料等物品在西方的需求量却巨大，清朝依然能获得不少的收益。

但是，乾隆皇帝好大喜功，一生中共进行了6次南巡，每次都是浩浩荡荡，劳民伤财。到了乾隆末期，大清帝国已经开始由盛转衰，官员腐败，百姓悲苦。但清朝的统治者们依然沉睡在"康乾盛世"的美梦里。

马戛尔尼访华

清乾隆五十七年（1792年），英国任命马戛尔尼为正大使，以为乾隆皇帝恭贺八十大寿的名义出使清朝，希望能与清朝建立正常的贸易关系。这是欧洲国家第一次向中国派出正式的使节，带来的礼物有代表英国文明的天文、地理仪器，以及图书、工业品、最新的火枪和先进的舰船模型等。

中国人看到这些精美的物品，肯定会非常愿意与我们进行贸易的。

礼仪之争

一向以"天朝上国"自居的清朝统治者将马戛尔尼的这次来访当成了藩属国朝贡，将他们带来的礼品当成了贡品，要求他们像臣属一样，对皇帝行"三跪九叩"的大礼。马戛尔尼认为，英国和大清国是两个平等的国家，这对英国来说是一种侮辱。但当时清朝的对外关系只有朝贡，没有人能跟皇帝平起平坐，就算外国国王也不行，双方的争执就此开始。

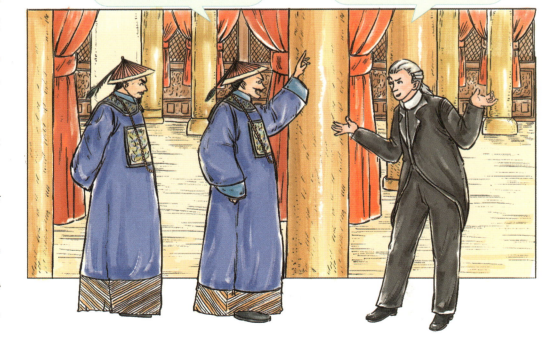

普天之下莫非王土、率土之滨莫非王臣，你见了上国天子当然要下跪。

如果你们在大英帝国国王的画像前下跪，我就同意你们的要求。

最终，马戛尔尼还是见到了乾隆皇帝，但他到底有没有行"三跪九叩"之礼，中英两国的资料记载差异很大，我们也无从知晓当时真正的情况。祝寿结束后，马戛尔尼希望通过谈判获得英国在中国贸易上的特殊待遇。但乾隆皇帝根本没有给他谈判的机会，对于英国使团提出的所有要求一概否决，照例赏赐了使团一批礼物后就让他们离开了。

自大的国书

英国使团临走时，乾隆皇帝给英国国王写了一封信，大致的意思是：你们献来的礼物没什么稀奇的，但你们远道而来，我也就收下了。我天朝物产丰富，无所不有，不用跟你们做什么交换。你们的要求跟天朝体制不符，不能批准。只要你们诚心归附，永远对天朝恭顺，天朝的恩泽就能施予你们，共享太平。但乾隆皇帝不知道的是，当时的英国已经是欧洲第一强国了。

马戛尔尼眼中的"康乾盛世"

马戛尔尼来华时，清朝已经"闭关锁国"了30多年。中国对外部世界的变化一无所知，西方对中国也是如此。乾隆皇帝让马戛尔尼沿河游览，从广州离境，或许是想用"康乾盛世"的景象对无礼的"西洋小国"进行震慑，但没想到却起到了相反的作用。

军备落后，盲目无知

当欧洲已经开始使用先进的燧发枪时，清朝军队还在使用被欧洲淘汰的火绳枪，且更多的士兵使用的还是大刀、长矛和弓箭。马戛尔尼给乾隆皇帝的礼物中就有燧发枪，还曾邀请清朝军官观看他们的士兵操练，但却被视为"奇技淫巧"，没有得到清朝的重视。

想请您观赏一下我们新式火枪的射击操练，不知您意下如何。

火枪操练能有什么稀奇，看也可，不看也可。

燧发枪

燧发枪扣动扳机后，火石产生火花点燃火药。操作更简单，射击更稳定，射击频率更高。

火绳枪

火绳枪是用点燃的绳子引燃火药，如果绳子受潮，或中途熄灭，就无法继续发射。

百姓贫困

使团成员在日记中这样写道："没有看到任何百姓丰衣足食、村庄富饶繁荣的证明……触目所及的都是贫困和落后的景象。"被清政府委派到英使船队上做工的百姓，"每次接到我们吃剩下的饭菜都会千恩万谢。我们用过的茶叶，也被他们争抢着煮水喝"，"他们贫困得让人吃惊，一路上我们丢掉的垃圾，被人捡去吃"。

到处是野蛮的欺压

英国使团在到达浙江沿海后，因不熟悉航线，请求当地官员帮他们找一个领航员。使团成员这样回忆："他们派出的兵丁很快就带回了一群人。他们是我平生所见神情最悲惨的人了，他们全都双膝跪地，哀告哭求。但这都是徒劳的，官员不为所动，命令他们一小时后准备妥当。"

在此之前，欧洲人一直以为中国是一个"黄金遍地，百姓富足"的地方。曾经到中国传教的利玛窦也盛赞中国（明朝）是"举世无双的理想国度"。但马戛尔尼看到的却是："自从北方或满洲鞑靼（清政府）征服以来，至少在过去的100年里没有改善，没有前进，或者更确切地说反而倒退了。"

阿美士德访华

由于马戛尔尼没有完成与中国开放贸易的使命，英国决定再派阿美士德为大使，继续尝试打开与中国贸易的大门。此时清朝的"闭关锁国"政策已经执行了近 60 年，统治大清国的是乾隆皇帝的儿子——嘉庆皇帝。

礼仪上的争执

当嘉庆皇帝得知阿美士德前来"朝贡"时还是很重视的，要求沿途官员要照顾周全。但阿美士德来到中国后，同样被告知见到皇帝时要行"三跪九叩"的大礼，而且要在官员的指示下提前进行演练，以免出错。阿美士德表示坚决拒绝。接待大臣为完成差事，不得不另想办法。

如清朝官员所料，在他们的行程安排下，阿美士德等人连夜赶路，疲惫不堪，到了北京后他们没有被送到休息的地方，而是直接被安排去觐见皇帝。但出乎清朝官员意料的是，阿美士德以身体不适，而且没有带礼服为由，坚决要求把会面安排在第二天。

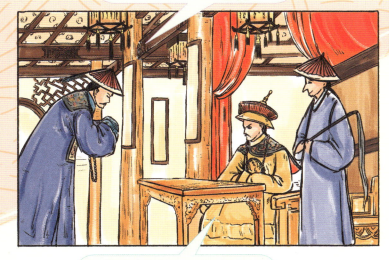

于是，阿美士德使团连嘉庆皇帝的面都没有见到就被赶出了中国。后来嘉庆皇帝了解到事情原委，惩罚了相关接待官员，派人前去慰问使团，回赠了礼物，并允许他们和马戛尔尼使团一样，游览中国内地，然后从广州离开，沿途给予礼遇。

拿破仑的"睡狮论"

后来阿美士德专门拜访了被流放到圣赫勒拿岛的拿破仑。这位法国皇帝曾经横扫整个欧洲，是被誉为"荒野雄狮"的欧洲战神。阿美士德讲述了他在中国的经历，认为中国是纸糊的老虎，不堪一击。但拿破仑却表达了与之相反的看法：你们或许开始会取得成功，但也会让他们认识到自己的力量，重新让自己变得强大并最终打败你们。

18世纪的欧洲，伏尔泰和卢梭等人正将思想启蒙运动推向高潮。欧洲人开始突破"神权""王权""君权神授"的束缚，追求自由、平等和"天赋人权"。而此时清朝的文人们却还在埋头研究八股文，在"文字狱"的高压下，最后一丝鲜活也泯灭了。

美国胜利结束了与英国的战争，宣布脱离英国而独立，建立联邦政府。之后，法国爆发"大革命"，建立法兰西共和国，欧洲君主制受到剧烈冲击。而清朝此时正处于强大的封建皇权控制之下。

19 世纪初英国已经在世界各地建立起了殖民统治，成为名副其实的"日不落帝国"。之后不久，英国开始引领世界的工业革命进程。随着蒸汽机的发明和推广，制造、冶铁、采掘等行业得到快速发展，资本主义经济空前繁荣。而此时的清朝仍在自认为是"天朝上国"，躺在传统手工农业和小作坊搭建的温床上沾沾自喜。

整个 19 世纪上半叶，西方各国在工业、科技、文化、思想等方面突飞猛进：世界上第一条铁路在英国正式通车；法拉第制造了世界上第一台发电机；生物学家达尔文开始了环球航行；德国建立了世界上第一所现代大学，康德、黑格尔等人将西方哲学推向顶峰；法国人发明了世界上第一台照相机；美国人发明了世界上第一台电报机；意大利人发现谷神星……而大清朝却仍在原地踏步，甚至倒退。

清朝的"康乾盛世"早已在余晖中落幕。官员腐败，军备废弛，思想封闭，社会动荡。英国人为扭转贸易逆差，开始向清朝输入鸦片，更进一步导致了清朝百姓的贫困。清朝就像是一个虚弱的巨人，沉睡在漆黑的木屋里。

第一次鸦片战争

英国的资本主义经济发展是建立在扩张和殖民基础上的。中国是一个巨大的市场，英国人想极力打开，清政府却抗拒开放，这让他们既垂涎欲滴又无可奈何。而中国的"禁烟运动"终于给他们提供了借口。

1839 年，为了不让鸦片继续流毒中国，道光皇帝派林则徐主持禁烟。林则徐下令在虎门海滩当众销毁鸦片，共历时 23 天，这就是著名的"虎门销烟"运动。可清政府的这一正当行为在英国看来却是损害他们商业利益的行为，是对英国的侮辱。于是，1840 年，英国军舰出现在中国海域，中英鸦片战争正式爆发。

战争之初，英国只派出了数十艘战舰和几千名士兵。到战争结束，英国的总兵力也没有超过两万人。但大清国坐拥数十万大军却一败再败，大清万里海疆瞬间崩塌。最终，在长达两年的战争中，英军以阵亡不到百人的代价，给清朝士兵带来了数万伤亡。

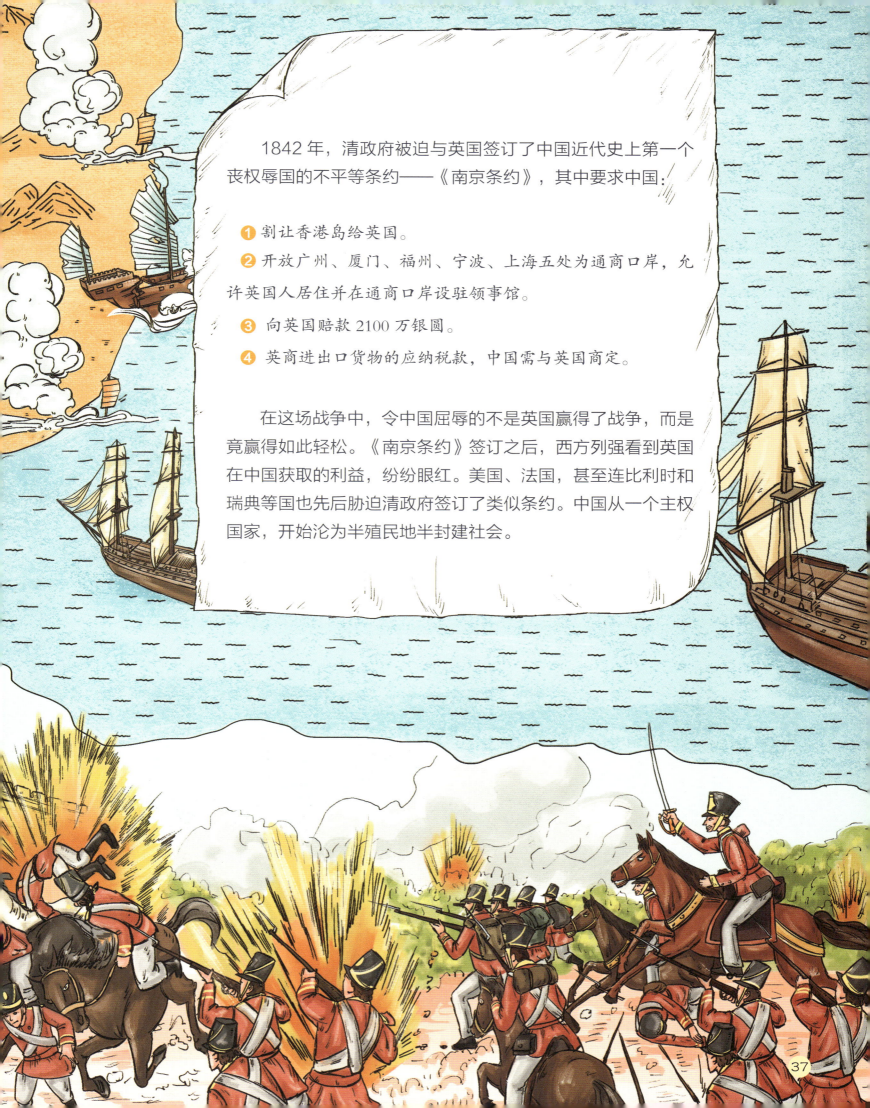

1842 年，清政府被迫与英国签订了中国近代史上第一个丧权辱国的不平等条约——《南京条约》，其中要求中国：

❶ 割让香港岛给英国。

❷ 开放广州、厦门、福州、宁波、上海五处为通商口岸，允许英国人居住并在通商口岸设驻领事馆。

❸ 向英国赔款 2100 万银圆。

❹ 英商进出口货物的应纳税款，中国需与英国商定。

在这场战争中，令中国屈辱的不是英国赢得了战争，而是竟赢得如此轻松。《南京条约》签订之后，西方列强看到英国在中国获取的利益，纷纷眼红。美国、法国，甚至连比利时和瑞典等国也先后胁迫清政府签订了类似条约。中国从一个主权国家，开始沦为半殖民地半封建社会。

第二次鸦片战争

1856 年，也就是中英《南京条约》签订 14 年后，英国和法国为扩大在华利益，再次对中国发动侵略战争。这场战争是鸦片战争的延续，史称"第二次鸦片战争"。

盲目无知的清朝统治者

第一次鸦片战争后的割地赔款和主权丧失，并没有让清朝统治者和大多数官员受到教训，也没有改变他们对西方"蛮夷"的看法，更不用说积极实施改革、力图重振中华了。

1856 年 12 月，英法联军炮轰广州城，战争正式打响。中国军民英勇抗击，在局部战场获得了胜利。但双方在军事装备上的巨大差距，加上清朝统治者腐败无能、消极避战，终使中国以惨败告终。整场战争中，最具代表性的就是"八里桥之战"，这是千年东方封建帝国与近代西方强国之间的一次决战。

八里桥之战

1860 年 8 月，英法联军攻占天津大沽口，行进到通州八里桥一带。这里是北京的咽喉，也是大清帝国都城的最后一道防线。负责阻击的是晚清名将僧格林沁，他曾在第一次大沽口战役中击退英法联军。这次，他在八里桥部署了 3 万精兵，迎击前来进犯的 8000 名联军。

这是一场令人叹息的战斗，清军骑兵奋不顾身，高声呐喊着朝敌人的枪炮阵地冲杀而去，可在英法联军猛烈的炮火之下，他们还没有接近敌方就已经纷纷倒下了。但这支军队却表现得极为顽强，连续不断地向敌人发起一轮轮自杀式的冲锋，连敌人都被这种气势震撼了。经过数小时的激战，清军阵亡 1000 余人后被迫撤退，而英法联军阵亡不到 10 人。
这场战役之后，英法联军开始向北京挺进。

英法参战者对战争的回忆

清史中对于这段屈辱的历史记载较少，下面的记录来自《翻译官手记》和《蒙托邦征战中国回忆录》两本书。它们的作者一个是英法联军的随军翻译，一个是侵华法军的最高指挥官。

军备落后

清军的装备相较于第一次鸦片战争没有任何改善，而英法联军已经在使用先进的蒸汽战舰、后膛装步枪和火炮了。"上帝啊，这都是些什么武器啊！一些形状古怪破旧、操作麻烦的火绳枪、曲柄枪，它们的火力微弱，枪身被漆红色；还有弓、弩、长矛和一些劣质的刀剑。"

训练不足

清军虽然装备有火炮，但非常老旧，射程近、威力小，大多只能固定在那里，不能调整射击角度，而且由于长期缺乏训练，精度严重不够。"炮弹还没飞到我们面前就落地了，像瓦片在水面打水漂一样在地上蹦跳……士兵们一边看着这些炮弹飞过来，一边嬉笑不已。"

哈哈，这种战斗就是种享受，该我们开炮了。

哦，快看呀，又滚过来一颗炮弹。

官员腐败

"在这些清政府高官的来往信件中，我们发现了清政府彻头彻尾的狡诈以及这些官员的卑劣。我们12日在北塘执行了一次侦察任务，对于这次行动，官员竟然是这样向皇帝汇报的：'我方三人阵亡，几匹战马受伤，夷人骑兵、步兵死伤甚多……'清朝皇帝被手下官员愚弄到如此地步，他们竟然将军队的溃败写成了胜利！"

愚昧自大，不思进取

马戛尔尼曾给清朝统治者带去了先进的欧洲火炮、枪械和一艘配备有110门大炮的战舰模型。但这些却被当作贡品封存在了圆明园内，没有得到任何重视。"就在那个宝塔内，我们还发现了2门英国榴弹炮和弹药，应该是阿美士德勋爵或马戛尔尼勋爵赠送的礼物……或许中华帝国沉睡了3000年，要想让这个庞然大物苏醒，需要给它重重一击！"

作为侵略者，虽然他们的记录不一定完全客观中肯，但也可以从中大致窥见当时事件的一角。有兴趣的读者，可以寻找相关书籍，从不同角度审视这段历史。

圆明园的劫难

清朝最后一条防线溃败前，英国特使巴夏礼率领 30 余人前往通州与清政府谈判，却被作为人质扣押。于是英法联军迅速进军，兵临北京城。咸丰皇帝得知后，竟仓皇出逃，只留下恭亲王奕䜣与英法联军议和。英法联军绕经北京城郊外的圆明园，一场浩劫就此开始。

园中珍宝让英法联军目不暇接，此刻再也没有什么所谓的文明、绅士和军纪。军官、士兵在这里横冲直撞，像一群饿极了的野兽突然看到了一头鲜活的猎物。人人都想抢到珍贵的物品，甚至为了抢夺财宝互相殴打。而那些他们拿不走的东西竟被砸得粉碎。

> 在地球上某个地方，曾经有个世界奇迹，她的名字叫圆明园。她汇集了一个民族的几乎是超人类的想象力所创作的全部成果。（她）不但是一个绝无仅有、举世无双的杰作，而且堪称梦幻艺术的崇高典范。
>
> ——雨果

一天，两个强盗走进了圆明园……我们所有教堂的所有珍品加起来也抵不上这座神奇无比、光彩夺目的东方博物馆。多么伟大的功绩！多么丰硕的意外横财！在历史面前，这两个强盗分别叫作法兰西和英格兰……

——雨果

后来清政府被迫交还人质，但近一半的人已被折磨致死。直到那时，清政府依然自视为天朝，没有平等外交的概念。而那些受尽侮辱和折磨的并不只是普通士兵，还有英国特使、军官、记者和牧师等。英法联军看到人质和尸体后愤恨不已，认为只有彻底毁掉圆明园才能表现对中国皇帝的报复。于是，曾经辉煌无比的圆明园在惨遭劫掠后，又在一场大火中彻底毁灭。可以说，圆明园在某种程度上也是毁于清朝统治者的无知和盲目自大。

第二次鸦片战争对中国的影响

《天津条约》和《北京条约》

　　1858 年，英法联军占领天津大沽炮台，直逼北京。清政府被迫与英、法、俄、美 4 国分别签订了《天津条约》。

主要内容有：

允许各国公使进驻北京；

开放牛庄、登州、台南、淡水、潮州、琼州、汉口、九江、南京、镇江为通商口岸；

外国商船可以自由驶入长江一带通商；

外国人可以到内地游历经商；

外国传教士可以到内地自由传教；

中国给英国赔款 400 万两白银，给法国赔款 200 万两白银。

　　圆明园被焚毁后，英法联军又以焚毁皇宫为威胁，迫使清政府于 1860 年签订了中英《北京条约》、中法《北京条约》。

主要内容有：

重申《天津条约》的有效性；

增开天津为商埠；

割九龙司地方一区给英国；

准许外国商人雇佣中国人出洋工作；

将已充公的天主教教堂财产发还，法国传教士可以在各省任意租买田地，建造教堂；

对英、法两国赔款各增至800万两白银。

开放口岸成为外国列强侵略中国的据点，而高昂的战争赔款则成为百姓身上的沉重负担。俄国趁火打劫，中国因此丧失了东北及西北150多万平方千米的领土。《天津条约》和《北京条约》的签订进一步加深了中国的半殖民地半封建社会程度。

条约签订后，逃往承德避暑山庄的咸丰皇帝忧愤成疾，之后再也没能回到北京，并于次年8月去世。

洋务运动

第二次鸦片战争的一记重拳，终于让清朝政府有所醒悟。以恭亲王奕䜣为首的一批大臣决定"师夷长技以制夷"，向西方学习先进工业技术，以求稳固统治、反超列强。地方上，以曾国藩、李鸿章、左宗棠、张之洞为代表的洋务派开始了以"自强、求富"为口号的"洋务运动"。

引进西方技术

在他们的推动下，造船厂、枪炮厂、电报局、纺织厂、新式学堂等一批近代军用、民用和教育事业在中国兴起。但这些举措却遭到了愚昧的守旧大臣的重重阻挠，推行得并不顺利。闭关锁国近百年的清朝已经迂腐到可悲的程度。

派遣留学生

为了更好地学习西方技术，洋务派准备选一批留学生前往美国学习，费用完全由政府承担。但在当时这一活动的推进过程却是困难重重。因为人们觉得读书、考试、做官才是正途，出国留学等同于欺师灭祖。几经周折后，终于招满了第一批的30名学生，他们的平均年龄只有十几岁，大多数都是普通百姓家的孩子。洋务派前后共派出了4批留学生，他们回国后大多成为国内很多领域的奠基人，更有不少人在此后对外战争中为国捐躯。

唐绍仪

中华民国第一任总理，复旦大学创始人。

唐国安

清华大学创始人、第一任校长。

蔡绍基

北洋大学（今天津大学）的创办人之一、校长。

詹天佑

"中国铁路之父"
"中国近代工程之父"。

筹建近代海军

两次鸦片战争，列强的坚船利炮给清政府留下了深刻印象，他们意识到组建新式海军是当务之急。"洋务运动"期间，清朝共建设了北洋、南洋和福建3支海军，其中最著名的就是由李鸿章组建的北洋水师。北洋水师的舰船大多从英国和德国进口，拥有当时最先进的铁甲战舰，一度成为东亚第一舰队，实力威慑日本。

中日甲午战争

大战前夕

　　经过"洋务运动"几十年的发展，清朝国力和海军建设终于稍有起色。但清政府马上又犯起了骄傲自大的毛病，海军的发展就此停滞，再也没有添置过一艘战舰。慈禧太后甚至挪用海军军费修建颐和园庆祝自己的六十大寿。而日本在经过"明治维新"后走上了资本主义道路，经济和军事实力大大增强，正在为更大的野心积蓄力量。

大战爆发

　　1894年，朝鲜爆发起义，朝鲜政府向宗主国清朝求助。日本趁机出兵，想以朝鲜为跳板，进一步入侵中国。同年7月，日本舰队突袭中国运兵船，不宣而战，中日甲午战争爆发。由于日本准备充分，海军实力强大，而清政府迂腐短视，仓促应战，致使中国战败。日军在中国境内屠戮百姓，制造了惨绝人寰的"旅顺大屠杀"，北洋水师也在这场战争中全军覆没。1895年，清政府迫于日本的军事压力，签下了不平等条约——《马关条约》。

《马关条约》的主要内容及影响	
割让辽东半岛、台湾岛及其附属各岛屿、澎湖列岛给日本	侵害中国领土完整
赔偿日本2万万两白银	给人民带来沉重负担和压力
增开沙市、重庆、苏州、杭州为通商口岸	外国势力侵入中国内地
允许日本臣民在中国的通商口岸投资办厂	严重阻碍中国民族企业发展

这份条约，你只需说同意或不同意，其他不用再谈！

题外扩展

　　1894年9月，中日两国海军在黄海海域进行了一场主力决战，史称"黄海大战"。这场海战从中午一直打到黄昏，北洋水师损失战舰6艘，千余名将士殉国；日本舰队5艘战舰受损，数百名官兵死伤，但没有一艘战舰沉没。

　　北洋水师的老式战舰，无论在航速、射速还是火力上都不及日舰。但北洋水师官兵在这场海战中展现出了英勇无畏的爱国精神，多名管带（舰长）与舰同沉，以身殉国。致远舰管带邓世昌在弹药打光、船体多处中弹的情况下依旧开足马力，试图撞沉敌舰，但致远舰却被鱼雷击中，邓世昌壮烈牺牲。

八国联军侵华战争

《马关条约》的签订让西方列强实实在在地看清了清朝统治者的无能与腐朽，中国的国际地位急剧下降，帝国主义加快了瓜分中国的步伐。

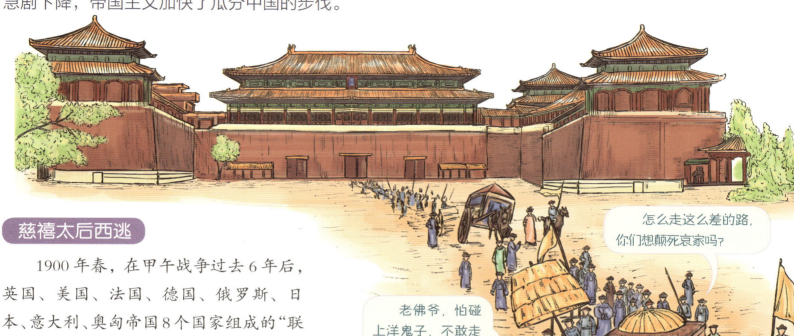

慈禧太后西逃

1900 年春，在甲午战争过去 6 年后，英国、美国、法国、德国、俄罗斯、日本、意大利、奥匈帝国 8 个国家组成的"联军"，以剿灭"义和团"、保护侨民的名义出兵中国，清军一触即溃。此时清军武器装备与西方列强武器装备的差距已逐步缩小，甚至比联军中某些国家的装备还要先进，但联军仅用两个月就攻占了北京，慈禧太后带着光绪皇帝仓皇逃往西安。

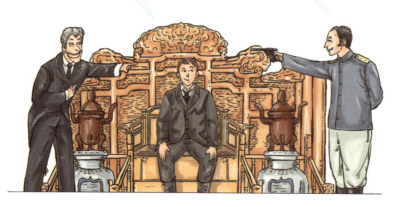

联军暴行

慈禧太后和皇帝的西逃让北京成为"无主之城"，八国联军所到之处，杀人放火、奸淫抢掠，无恶不作。他们对北京的官府大肆抢掠，公然进入皇宫，掠走的珍宝不计其数，就连水缸上的镀金都要用刀刮去，清朝皇室的尊严荡然无存。圆明园也在继英法联军之后再次遭劫，终成废墟。

傀儡政权

1901 年 9 月 7 日，清政府被迫与英、美、俄、法、德、意、日、奥、比、西、荷十一国代表在北京签订《辛丑条约》，联军随后撤出北京。自此之后，中国完全沦为半殖民地半封建社会，清政府已经成为帝国主义列强统治中国的傀儡。

《辛丑条约》主要内容：

① 中国对各国赔款，本息共计 9.8 亿两白银；

② 划定北京东交民巷为使馆界，允许各国驻兵保护，不准中国人居住；

③ 拆毁天津大沽口到北京沿线设防的炮台，北京到山海关铁路沿线要允许外国派兵驻扎；

④ 清政府严禁人民参加任何反帝运动，各地官员必须保护外国人的安全；

⑤ 外国认为各个通商章程中应修之处或其他应办的通商事项，清政府概允商议；

⑥ 改总理各国事务衙门为外务部，班列六部之首；

⑦ 清政府承认"纵信"义和团的错误，向各国道歉，惩罚"首祸"诸臣，等等。

题外扩展

外国列强的入侵让广大中国人民饱受其害，由各阶层百姓组成的"义和团"随之出现。他们打出"扶清灭洋"的口号，自称有"神功护体"，刀枪不入。义和团烧教堂、拆电线、毁铁路，围攻外国使馆，见到洋人不论好坏一律诛杀，不少信教的中国百姓也遭杀害。各国公使要求清政府出兵剿灭，但慈禧太后却不予理会。当这些人真的面对洋枪洋炮时，结果可想而知。

义和团运动声势浩大，在反抗外国侵略方面确实起到一定作用，但同时也表现出封建迷信、仇视先进科技和滥杀无辜的一面，为八国联军侵华提供了借口。《辛丑条约》签订后，"义和团"已无利用价值，最终在清政府和外国势力的联合绞杀下消散。

> 神也怒，仙也烦，一等下山把拳传。
> 焚黄表，生香烟，请来各洞众神仙。
> 不用兵，只用拳，要废鬼子不为难。
> 大法国，心胆寒，英美俄德哭连连。

清末新政和辛亥革命

　　丧权辱国的不平等条约的接连签订，让国内矛盾不断激化。在中外武器装备差距不大的情况下依然接连惨败的境况，终于让一些有识之士看到了政治体制存在的问题，建议清政府进行政治改革，而另一部分人则坚持要发动革命，彻底推翻清政府。

既如此，那就为立宪做些准备吧。

日本一个小国竟能先后击败我大清国和俄国，可见"君主立宪"的优势啊！

为保我大清万世基业，实在到了不得不变的时候了！

众叛亲离

　　为推动立宪早日完成，立宪派进行了多次规模浩大的请愿活动，但都被清政府压制了。1911年5月，朝廷终于拟定出一份13人的内阁名单，但满人占了9人，且其中大部分是皇族成员，国家实权仍被皇族把持着。"皇族内阁"的组建让立宪派大为失望，终于认识到清朝统治者的无可救药，很多人转向了革命党。

预备立宪

1905 年的"日俄战争"中，日本战胜俄国，这是亚洲国家第一次战胜欧洲强国。这件事情在大清朝引起了极大反响，一些进步大臣希望清朝政府能改变"封建专制"，效仿日本实行"君主立宪"。清朝统治者为"顺服民意"，派专人到英、美、德、法、日等国进行考察，随后表示愿意预备立宪。

辛亥革命

在清政府预备立宪的同时，孙中山发起的革命运动也在进行。就在"皇族内阁"出台的同一年，即 1911 年 10 月 10 日，武昌起义打响。起义军成立湖北军政府，改国号为中华民国。随后，湖南、广东等 15 个省纷纷宣布脱离清政府而独立。

1912 年 2 月 12 日，武昌起义仅 4 个月后，清朝统治者就发布了退位诏书。至此，统治中国近 300 年的清朝被推翻，中国延续了 2000 多年的君主专制制度也宣告终结。

新时代的开放与复兴

本书进行到这里也要告一段落了，不知你看过这段历史后会有怎样的感想。自古弱国无外交，落后就要挨打，故步自封、盲目自大带来的只能是屈辱和被耻笑。大到国家、小到个人都是这样。只有参与竞争、开放交流、不断进取、自强不息，才能赢得尊重。

我们应该庆幸，我们生活在一个伟大的时代。我们享受着各种高科技带来的便利生活，享受着父母的宠爱和社会的关怀，可以安心学习、衣食无忧。但越是如此，我们越不能忘记曾经的那段历史，越不能像曾经的清朝统治者那样稍有成绩就裹足不前，因为那样终将会被人远远地抛在后面。

今天的中国正走在"中华民族伟大复兴"的道路上，已经取得了无数令世界瞩目的成就，这些源于中国人民的开放与自信、自强与奋斗。而你我，都是中华民族的一员，青少年更是国家的希望和未来。

少年智则国智，
少年富则国富，
少年强则国强，
少年进步则国进步……
美哉我少年中国，与天不老！
壮哉我中国少年，与国无疆！

图书在版编目（CIP）数据

闭关锁国 / 恐龙小Q少儿科普馆编. — 北京 ：北京
出版社，2021.10
（图说中国简史）
ISBN 978-7-200-16622-4

Ⅰ．①闭… Ⅱ．①恐… Ⅲ．①中国历史 - 近代史 - 少
儿读物 Ⅳ．①K257.09

中国版本图书馆 CIP 数据核字（2021）第 191561 号

图说中国简史
闭关锁国
BIGUAN SUOGUO

恐龙小 Q 少儿科普馆　编

*
北 京 出 版 集 团
北 京 出 版 社　出 版

（北京北三环中路 6 号）
邮政编码：100120

网　　　　址：www.bph.com.cn
北 京 出 版 集 团 总 发 行
新 华 书 店 经 销
北京天恒嘉业印刷有限公司印刷

*
710 毫米 ×1000 毫米　8 开本　8 印张　120 千字
2021 年 10 月第 1 版　2021 年 10 月第 1 次印刷
ISBN 978-7-200-16622-4

定价：78.00 元

如有印装质量问题，由本社负责调换
质量监督电话：010-58572393

恐龙小 Q

　　恐龙小 Q 是大唐文化旗下一个由国内多位资深童书编辑、插画家组成的原创童书研发平台，下含恐龙小 Q 少儿科普馆（主打少儿科普读物）和恐龙小 Q 儿童教育中心（主打儿童绘本）。目前恐龙小 Q 拥有成熟的儿童心理顾问与稳定优秀的创作团队，并与国内多家少儿图书出版社建立了长期密切的合作关系，无论是主题、内容、绘画艺术，还是装帧设计，乃至纸张的选择，恐龙小 Q 都力求做到最好。孩子的快乐与幸福是我们不变的追求，恐龙小 Q 将以更热忱和精益求精的态度，制作更优秀的原创童书，陪伴下一代健康快乐地成长！

原创团队

策 划 人：李　鑫
统筹编辑：毛　毛
绘　　画：王克宾　李佳宝　任　婕
创作编辑：陶胜杰